Clemens Bittlinger
Bilder der Weihnacht

Clemens Bittlinger

# Bilder der Weihnacht

Kreuz

Bibliografische Information der Deutschen Bibliothek
Die Deutsche Bibliothek verzeichnet diese Publikation
in der Deutschen Nationalbibliographie; detaillierte bibliografische
Daten sind im Internet über http://dnb.ddb.de abrufbar.

Kreuz Verlag GmbH & Co. KG Stuttgart
Verlagsgruppe Dornier
Postfach 80 06 69, 70506 Stuttgart

www.kreuzverlag.de
www.verlagsgruppe-dornier.de


Umschlaggestaltung: Bergmoser & Höller, Agentur, Aachen
Umschlagbild und Innenbilder: Karin Plank-Hauter
Druck und Bindung: L.E.G.O. Olivotto S.p.a. Vicenza

ISBN: 3-7831-2440-9

# Inhalt

# Ouvertüre

*Dies alles ist geschehen, damit das erfüllt würde, was Gott durch den Propheten vor langer Zeit gesagt hat: „Siehe, eine Jungfrau wird schwanger sein, und einen Sohn gebären und sie werden sagen:*
*Gott ist mit uns.*
*Matthäus 1,22f*

Über die Jahrhunderte hinweg haben die Berichte und Erzählungen von der Geburt Jesu Menschen berührt, getröstet und begleitet.
Die verschiedenen Personen, Umstände und Geheimnisse, die sich um dieses Ereignis ranken, prägen bis heute unsere Träume und Gedanken.
Wie bei einem Puzzle fügen sich die verschiedenen Teile zusammen zu einem großen Ganzen. Dem Geheimnis auf der Spur entdecken wir die Bilder der Weihnacht.

# Maria

*Und der Engel sprach zu ihr: Hab keine Angst, Maria, du hast Gnade bei Gott gefunden. Siehe, du wirst schwanger werden und einen Sohn gebären, den sollst Du Jesus nennen.*
*Lukas 1,30f*

Stellen Sie sich das doch einmal vor: Sie sitzen nichts ahnend in Ihrer Kammer und plötzlich durchfährt ein grelles Licht den Raum und eine leuchtende Gestalt steht vor Ihnen, ganz plötzlich. Was meinen Sie, wie ich mich erschrocken habe? »Hab keine Angst!« hat sie gesagt, diese

Gestalt, und das mit gutem Grund, denn ich zittere noch heute am ganzen Körper, wenn ich an diesen Tag nur denke: »Gott, der Schöpfer des Kosmos hat Dich, Maria, ausgewählt, schwanger zu werden und seinen Sohn zu gebären. Diesen Sohn sollst Du Jesus nennen«.
Mir blieb die Luft weg. Gerade mal der Pubertät entronnen, stand ich da als junge Frau, und nun sollte ich »aus heiterem Himmel« ein Kind gebären.
»Hab keine Angst« – doch ich hatte Angst, unglaublich große Angst, um mich, um das Kind, um Joseph, um meine Familie, Angst vor der

Zukunft, Angst verstoßen und schlimmstenfalls sogar gesteinigt zu werden.
Mehr wohl benommen als bei klarem Verstand murmelte ich: »Wenn Gott es denn tatsächlich so will, werde ich es hinnehmen...« Mit dieser meiner zaghaften Zustimmung begann das Wunder in mir. Ich gab dem Kind in mir Raum. Jungfräulich kam es zu mir und erweckte und belebte mich zunehmend zu der Frau, die ich eigentlich war und werden sollte. Eine Katastrophe und doch: nie ist mir größeres Glück widerfahren.

1. Dass das Kind in mir lacht
und bemerkbar sich macht,
weil es hüpft, weil es springt
und ein Lied in mir singt,
dass die Freude den Zorn
wie die Rose den Dorn
überstrahlt und vertreibt
und die Liebe verbleibt,
das Maria, das lern ich von dir.
Das Maria, das lern ich von dir.

2. Dass ich Kraft für den Weg
finde, nicht müd und träg
allzu schnell resignier
und den Mut nicht verlier.
Dass das Träumen sich lohnt,
wenn man sich nicht verschont,
und es wagt, los zu geh'n,
ohne klar zu versteh'n,
das Maria, das lern ich von dir.
Das Maria, das lern ich von dir.

3. Dass aus Tränen der Nacht
manche Hoffnung erwacht,
dass man die, die man liebt
ziehen lässt und vergibt,
wenn sie dich überseh'n,
deinen Schmerz nicht versteh'n.
Dass du das und viel mehr
trägst und nimmst nicht so schwer,
das Maria, das lern ich von dir.
Das Maria, das lern ich von dir.

Eine starke Frau in einer schwierigen Situation, eine Frau, die von Anfang an das Leben Jesu ermöglicht, begleitet und mit durchlitten hat. In ihr begegnet uns das Urbild der Mutter, die einerseits mitten im Geschehen steht und andererseits seltsam im Abseits. Von Anfang an muss Maria lernen, loszulassen und mit dem Wissen zu leben: dieses, mein Kind »gehört« mir nicht, es ist das Kind Gottes. Ein Leben für andere: Schon die Geburt des Kindes wird zu einem öffentlichen Ereignis, für die Hirten auf dem Feld, für die »Weisen« und auch für Herodes. Von Anfang an liegt der Schatten solch einer Öffentlichkeit auf dieser Frau und ihrer jungen Familie, sie müssen fliehen, sich dieser Öffentlichkeit entziehen und nach Ägypten gehen, wo keiner sie kennt.
Ich lerne von Maria, dass auch unsere Kinder ein Geschenk Gottes sind und dass es Aufgabe von Mutter und Vater ist, sie zu schützen und zu fördern, sie aber dann auch ihre eigenen Wege gehen zu lassen.
Maria kannte Jesus wie niemand sonst. Und dennoch musste sie sehr bald erkennen, dass es eine Seite an ihrem Sohn gab, zu der sie als Mutter und engste Bezugsperson keinen Zugang hatte. Ich denke an die Erzählung über den zwölfjährigen Jesus im Tempel. Der jugendliche Jesus war scheinbar im Trubel des Passahfestes verloren gegangen – alle Eltern, die schon einmal ein abhanden gekommenes Kind verzweifelt gesucht haben, wissen, was Maria in dieser Situation durchgemacht hat. Als sie ihn schließlich im Tempel findet, umringt von Schriftgelehrten,

und ihn mit einer Mischung aus Wut und Erleichterung zur Rede stellt, fragt Jesus verwundert: »Wisst Ihr nicht, dass ich in meines Vaters Haus sein muss ...«?
Nein, das wusste sie nicht und sie verstand es auch nicht. Ich glaube, Maria hat bis zum Schluss nicht verstanden, was da mit ihrem Sohn geschah. Für sie gehörte Jesus in erster Linie zur leiblichen Familie. Umso mehr musste sie die Erkenntnis schmerzen, dass dieser Aspekt im Leben Jesu zunehmend an Bedeutung verlor. In der Erzählung, bei der Maria Einlass zu einer bereits überfüllten Veranstaltung mit Jesus begehrt, lässt sie ihm ausrichten: »Deine Mutter, deine Familie ist hier und will dich sehen«. Und Jesus lässt ihr sagen: »Meine Familie, meine Schwestern und Brüder sind die, die mir nachfolgen«. Das muss der leiblichen Mutter sehr, sehr weh getan haben. Ihr eigener Sohn signalisiert ihr: Hier geht es um Beziehungen und Inhalte, zu denen Du, als leibliche Verwandte, nicht automatisch Zugang hast – ja, man hat den Eindruck, dass die enge, leibliche Verwandtschaft diese andere Beziehung zu Jesus geradezu verhindert. Ich werde an das irische Sprichwort: »Freunde sind Gottes Entschuldigung für Verwandte« erinnert.
Ich weiß aus eigener Erfahrung, dass Eltern und Kinder sich irgendwann voneinander entfremden (müssen) und dass es zukünftig Menschen geben wird, die an diesem von mir so geliebten Kind viel näher dran sind als ich. Das tut weh. Von Maria lerne ich, trotz aller Entfremdung dabei zu bleiben, im Hintergrund mitzuhoffen, mitzubeten und grenzenlos weiterzulieben, wenn nötig bis zum bitteren Ende.

# Joseph

*Als nun Joseph vom Schlaf erwachte, tat er, was ihm der Engel des Herrn befohlen hatte und nahm Maria zu sich.*
*Matthäus 1,24*

Es hat schon noch einen ganzen Engel gebraucht, um auch mir klar zu machen, dass hier etwas ganz anderes im Spiel war. Verstanden habe ich es nicht, aber ich habe gespürt, dass ich meine Geliebte – und ich liebe sie mehr denn je – nun nicht alleine lassen konnte. Die Vernunft sagt immer »Nein«, wenn ein Mensch das göttliche Kind in sich entdeckt, und immer entsteht dieses Kind jungfräulich, kann nicht von uns gemacht oder erzeugt werden. Und wo immer ein Mensch »Ja« zu dem Kind in sich sagt, werde ich mich zu Wort melden und alle Argumente der Vernunft diesem Kind entgegen halten. Ich bin Joseph und ich brauche erst einmal Zeit.

1. Hände, die geschickt zupacken
Hölzer, Bretter, Stuhl und Tisch,
Bögen, Stützen, Haken, Zacken,
alles scheint so leicht für dich.
Türen, Fenster und Furniere,
Betten, Schränke wunderschön
du kannst bauen, restaurieren,
es macht Spaß, dir zuzuseh'n.

2. Augen, die sehr schnell erfassen
oben, unten, vorn und hinten,
die nur schwer sich täuschen lassen,
und auch Kleinigkeiten finden,
Augen, die auf andern ruh'n,
liebevoll und ohne Hohn
und die das, was grad zu tun
ist, sehen und es dann auch tun.

3. Und ein Herz so stark und weit,
schlägt und trägt die ganze Last,
einer wirklich schweren Zeit,
die Du nicht erkoren hast.
Diese Kraft, die dich beseelt
und dir Mut und Beine macht,
hat der Schöpfer sich erwählt
und zum Vater dich gemacht.

4. Deine Hände fallen schwer,
in den Schoß, denn der Verstand
sagt: das gibt es nimmer mehr
und zur Faust ballt sich die Hand.
Doch die Augen sehen sie
voller Liebe: deine Frau
und dein Herz sagt klar wie nie:
Bleibe bei ihr und vertrau!

Das, was von diesem Menschen rüberkommt, wirkt seltsam spröde und wortkarg. »Typisch Mann« sagen vielleicht die einen, »nicht wichtig« sagen vielleicht die anderen.
»Typisch Mann«. Immer wieder begegne ich dem Vorwurf, Männer seien in Konfliktsituationen selten bereit zu reden. »Männer reden nicht«: In der Tat ist uns kein einziges Zitat von Joseph überliefert. Dennoch ist er es, der im Hintergrund die Verantwortung trägt, der still leidet und verdauen muss, was ihm da passiert, was ihm da als Mann und Familienoberhaupt zugemutet wird. Sicherlich hat er noch viel weniger als Maria verstanden, was da vor sich ging. Trotzdem war er wohl ein tiefgläubiger Mensch, der wusste, wann Gott zu ihm sprach und der dann aus einer Intuition heraus diesen Rat beherzigte und umsetzte, so gut er konnte. Ganz »untypisch Mann« achtet er auf seine Träume, erkennt in ihnen mitunter die Stimme Gottes. Das erfordert ein hohes Maß an Sensibilität. Von wegen »nicht wichtig«: Josef ist neben Maria die wichtigste Bezugsperson im Leben Jesu.
Ich lerne von Josef, dass es überlebensnotwendig sein kann, auf meine Träume zu achten und dass es sich lohnt, ein zweites oder drittes Mal hinzuschauen und -zuhören, wenn etwas in meiner eigenen Ehe vor sich geht, das mir rätselhaft erscheint. Ich lerne, dass hinter der »spröden Schale« des wortkargen Handwerkers ein großzügiger, sensibler und verantwortungsvoller Mensch stecken kann.

# Der Stall

*Und sie gebar ihren ersten Sohn und wickelte ihn in Windeln und legte ihn in eine Krippe, denn sie hatten sonst keinen Raum in der Herberge.*
*Lukas 2,7*

Dass ausgerechnet in mir das Wunder der Weihnacht geschehen ist, kann ich bis heute nicht so recht verstehen. Dieser Schöpfer des Kosmos hat schon einen eigenen Humor, dass er der waffenstarrenden Wirklichkeit dieser Welt als scheinbar hilfloses Baby gegenübertritt und dann auch noch völlig improvisiert in einem Stall zur Welt kommt. Aber vielleicht ist das ein Teil des Geheimnisses um Weihnachten: je fetter, je prunkvoller und je reicher wir es gestalten und ausschmücken wollen, desto ärmer wird es. Und je behutsamer, stiller und aufmerksamer wir das scheinbar Armselige beachten, desto reicher wird es, das Weihnachtsfest.

*Im hintersten Eck*
*verdrängt, am Rand,*
*verborgen, versteckt*
*im Niemandsland*
*geschehen mitunter*
*ganz einfache Wunder*

1. Ein kleines Licht
in dunkler Nacht,
ein Kurzgedicht
für dich erdacht.
ein liebes Wort
nach einem Streit,
ein ruhiger Ort
in lauter Zeit.

2. Ein spielendes Kind,
das konzentriert,
uns, was wir sind,
vor Augen führt:
wir sind verkauft,
gehetzt und blind
und doch getauft
als Gottes Kind.

3. Ein alter Mann
der seine Zeit
genießen kann,
und nun befreit
auf einer Bank
sitzt und genießt
und voller Dank
die Augen schließt.

Sicher war »der Stall« kein Stall, wie wir ihn uns oft vorstellen – für mich ist dieser Ort auch eher ein Symbol für die Abgeschiedenheit, für das Unspektakuläre, das Einfache. Es ist ein wichtiges Merkmal dieses »Wunders der Weihnacht«, dass dieses göttliche Ereignis »am Rande« stattfindet. Da, wo wir es am wenigsten vermuten, wird Jesus geboren. Völlig gegen die Regeln unserer Welt wird kein roter Teppich ausgerollt, finden keine Freudenfeste in den Palästen statt, ist die gebärende Mutter nicht von den besten Ärzten des Landes umsorgt. Von Anfang an steht die Welt Kopf, von Anfang an ist alles ganz anders, als wir es inszeniert hätten – dafür steht der Stall.
Die Geburt in einem Stall ist die scheinbar nebensächliche Ouvertüre zur großen Verwirrung, für die der Menschensohn sorgen wird. Jesus wird später auch vieles andere »auf den Kopf stellen« und wird unfassbare Dinge sagen wie: »Liebet Eure Feinde, segnet die euch verfluchen, tut wohl denen, die euch hassen« oder »die ersten werden die letzten sein und die letzten werden die ersten sein«. Er wird auf die zugehen, auf die niemand sonst mehr zugeht, er wird Kranke heilen, er wird die Frauen gleichberechtigt behandeln, er wird die Kinder als Vorbild darstellen und wird im Namen der Liebe das Ende des Gesetzes proklamieren.
Jemand hat einmal gesagt: In Jesus begegnet uns der »heruntergekommene Gott«. Dieses vieldeutige Sprachbild nimmt seinen Ursprung in

jenem Anfang im Stall. In der modernen Malerei wird Jesus manchmal als Clown dargestellt und damit als Vertreter einer Weltsicht, die das Einfache, kindliche und Unscheinbare in den Vordergrund stellt.
Ich lerne von diesem Bild, dass bei Gott ganz andere Maßstäbe »für das, was wichtig ist«, herrschen und dass sich unter Umständen in scheinbar nebensächlichen Ereignissen die wirklich wichtigen Dinge abspielen. Dazu ein Beispiel: wie schnell ertappe ich mich dabei, dass ich meine Kinder, wenn sie »Zeit mit dem Papa« einfordern, beschwichtige und »auf später« vertröste. Dabei zählen die Augenblicke, in denen ich
mich von den Kindern habe leiten lassen, zu den glücklichsten meines Lebens. Das Einfache und oft Naheliegende fällt mir oft so schwer.
Es sind häufig die kleinen Dinge im Leben, die wirklich zählen.

# Das Kind

*Und gingen hinein und fanden das Kindlein mit Maria, seiner Mutter, und fielen nieder und beteten es an.*
*Matthäus 2,11a*

»Schau mal, da krabbelt ein Käfer, wo der wohl hin will? Haben alle Käfer sechs Beine? Sind alle Käfer so klein? Und wie viele Käfer gibt es eigentlich?« So viele Fragen, aber: hey, ich entdecke die Welt. Japp: Wir Kinder sind Entdecker und deshalb frage ich morgens beim Frühstück den Papa: »Papa, warum schaust Du so böse?« »Ich schau doch gar nicht böse«, antwortet der Papa. »Doch«, sage ich. »Wie schau ich denn«, fragt Papa, und ich mache eine böse Grimasse. Da muss Papa lachen und Mama auch: »Der Papa ist halt ein Morgenmuffel«. »Sind alle Papas Morgenmuffel«, frage ich. »Später, wenn ich groß bin, will ich auch mal ein Morgenmuffel werden …«.

*Jedes Kind,*
*seht und bedenkt,*
*hat Gott zu seiner Zeit*
*uns und dieser*
*Welt geschenkt.*
*Und ist uns noch nicht leid.*

1. Denn als Kind
in dunkler Nacht
hat er sich auf
den Weg gemacht,
damit wir seh'n
und es versteh'n:
trotz aller Widrigkeit:
Gott ist uns noch nicht leid!

2. Damals schon
gab's wenig Raum
für ein Kind
und für den Traum,
der uns berührt,
ins Leben führt:
Trotz aller Widrigkeit:
Gott ist uns noch nicht leid!

3. Wenn ein Kind,
mal überdreht,
dir kräftig auf
die Nerven geht,
dann denk daran,
o Frau, o Mann:
trotz aller Widrigkeit:
Gott ist uns noch nicht leid!

Natürlich ist Jesus nicht irgendein Kind – Gott macht sich auf den Weg, um uns gewissermaßen »von Mensch zu Mensch« zu begegnen. Gott, der Schöpfer des Kosmos, bleibt kein ferner und unnahbarer Gott, sondern kommt als Baby auf diese Welt wie jeder andere Mensch auch. Dieser Gedanke allein ist schon völlig unfassbar. Welches Interesse sollte der Schöpfer des Kosmos an einer Beziehung zu uns kleinen, schwitzenden, egoistischen und selbstzerstörerischen Bewohnern eines kleinen Planeten am Rand des Sonnensystems haben?
Ich denke, es ist die Liebe, die Gott diesen Weg führt. Die Liebe zu diesem Geschöpf, das er einmal »zu seinem Ebenbild« erschaffen hat. Nur wenn er selbst Mensch wird, kann er verstehen, warum sein Geschöpf so denkt, lebt und handelt, wie es der Mensch nun einmal tut. Nur wenn er am eigenen Leib die Gefährdungen, das Leid, die Freuden, die Versuchungen durchlebt hat, kann er uns verstehen, begleiten und erlösen.
Und all das geschieht und beginnt mit der Geburt. Man könnte sagen, Gott »gibt sich« von Anfang an das volle Maß an Problemen, die man als Erdenneuling haben kann: Er kommt als kleines hilfloses Baby mitten in einer großen Volkszählung, völlig improvisiert in einem Stall zur Welt. Als er die Geburt unter diesen medizinisch-hygienisch widrigen Umständen heil überstanden hat, muss er sich sofort auf die Flucht begeben, um nicht umgebracht zu werden. Ich lerne, nicht mehr neidvoll

auf das Leben der Reichen und Schönen zu schielen, die scheinbar im goldenen Himmelbett geboren und in der samtroten Sänfte zu Grabe getragen werden. Ich lerne, meinen eigenen Lebensweg von Kindesbeinen an als ein Geschenk zu verstehen, das Gott für mich vorgesehen hat – weit über dem Wohlstandsniveau, das er sich selbst zugebilligt hat.

# Die Hirten

*Und es waren Hirten in derselben Gegend auf dem Felde bei den Hürden …*
*Lukas 2,8*

»Was für eine Nacht«? »Jou, die Tiere sind mal wieder mächtig unruhig«, »vielleicht gibt's ein Gewitter …«. »Vollmond ist auch demnächst …«. »Irgendwas liegt in der Luft«. »Was meinst Du? Denkst Du, heute Nacht passiert irgendwas? Das kann doch nur Ärger und noch mehr Arbeit bedeuten …«. »Ach was soll's, komm, wirf noch ein paar Äste ins Feuer, die Nacht ist noch lang«. »Lass uns noch einen trinken und noch ein paar Lieder singen und dann schlafen. Morgen ist wieder ein langer und harter Tag«. »Tja, das wird sich wohl nie ändern, uns hier draußen hat die Welt vergessen …«.

*Wir sind reisende Leute,*
*was auch immer geschieht,*
*leben jetzt hier und heute*
*und singen ein Lied.*

1. Wir sind gern im Freien
bei Tag bei Nacht,
von Himmel und Wolken
stets gut überdacht.
Wir kennen die Wege,
und jeden Strauch.
Die Angst und die Kälte,
die kennen wir auch.

2. Wir sind gern auf Reisen,
wir kommen viel rum,
wir lieben zu speisen,
bei uns kommt nichts um.
Wir trinken auch gerne
mal Wein oder Bier.
Ein Lied aus der Ferne,
ja, das sind meist wir.

3. Lasst mich euer Gast sein
und öffnet den Kreis,
will singen und feiern
und wachen mit Euch,
will lernen zu hüten,
die zu mir gehör'n
und gegen die wüten,
die Leben zerstör'n.

Um Pfarrer oder Priester zu werden, um »hauptamtlich« von Gott reden zu dürfen, muss man an einer Universität die drei alten Sprachen Latein, Griechisch und Hebräisch erlernen und ein langjähriges Studium absolvieren. Größer könnte der Kontrast zu den Menschen, die die Nachricht von der Ankunft Gottes als erste erhalten, kaum sein: die Hirten als erste menschliche Zeugen, als erste Anbeter des Gotteskindes sind die »Fortsetzung auf zwei Beinen« des Bildes vom Stall. Die Hirten hören die Botschaft, folgen ihr und beten das Kind an. Wir Theologen lesen den biblischen Bericht, mitunter sogar im Urtext, zerlegen seine einzelnen Elemente nach den Regeln, die wir gelernt haben – und übersehen dabei oftmals, dass zunächst einmal wir ganz persönlich gemeint sind. Wir hören folglich auch keine Botschaft für uns selbst, wohl aber für andere, und mit der Anbetung stehen wir sowieso auf »Kriegsfuß«.

Ich beziehe mich da ausdrücklich mit ein, denn ich merke, dass ich oft fast schon »blinde Flecken« für die einfache und direkte Sprache Gottes in meinem Leben habe.

Von den Hirten möchte ich lernen, den Lichterglanz, die Lieder und die Botschaft von Gottes Ankunft im Unscheinbaren dieser Welt zunächst einmal auf mich wirken zu lassen. Ich möchte lernen, auf das, was Gott mir sagt, zu hören und es auch umzusetzen. Und ich möchte staunend lernen, Gott anzubeten.

# Der Engel

*Und der Engel sprach zu ihnen: Fürchtet Euch nicht! Siehe, ich verkündige euch große Freude...*
*Lukas 2,10*

Darf ich reinkommen? Ich habe Zeit und keine Angst. Keine Angst vor Dir, keine Angst vor mir. Und auch du brauchst keine Angst zu haben: Fürchte Dich nicht!
Darf ich reinkommen? Ich wäre jetzt da, plötzlich und unerwartet – mit mir hast du nicht gerechnet, was? Und trotzdem kannst Du auf mich zählen. Schon oft war ich da: Ich bin die Zeit, die dir plötzlich geschenkt wurde. Ich bin das Lächeln, das dich aufmunterte. Ich bin der Mensch, der zufällig vorbei kam, als du Hilfe gebraucht hast.
Manche glauben ich hätte Flügel, weil ich so unvermutet auftauche. Vielleicht ist es die Leichtigkeit, mit der ich das Leben betrachte, die mir Flügel verleiht – wenn das so ist, dann kann ich auch dich beflügeln.

1. Du kamst zur rechten Zeit,
ganz plötzlich warst du da,
bist bei uns reingeschneit
und es war wunderbar,
dich nach den vielen Jahren
zu hören und zu sehn
und von Dir zu erfahren,
wie die Dinge steh'n.

2. Du brachtest Brot und Wein.
Du brachtest Zeit und Lust
und auch dich selber ein
und unser Alltagsfrust
verzog sich aus den Ecken.
In unserem Lebenshaus
konnten wir neu entdecken:
wir fühlen uns zu Haus.

3. Du halfst uns zu sortieren
Gedankenmüll und -stau,
und Fallen aufzuspüren,
die wir uns selbst gebaut.
Die Klarheit deiner Sätze,
dein Denken und dein Stil,
sie waren nie verletzend
und voller Mitgefühl.

4. Du warst für kurze Zeit
nur unser Wegbegleiter
und bald war es soweit,
du musstest leider weiter.
Die Lähmung und die Wut
verflogen wie im Traum.
Wir fanden neuen Mut
und neuen Lebensraum.

Vor vielen Jahren war ich mit meiner damaligen Freundin (und heutigen Frau) unterwegs in die Schweiz zu meinen Eltern. Ich fuhr damals einen wunderschönen alten VW-Variant mit Heckmotor und Doppelvergaser. Etwa auf der Höhe von Stuttgart passierte es: ein Hinterreifen platzte. Glücklicherweise konnte ich das Auto gut und schnell auf dem Seitenstreifen zum Stehen bringen. Ich stieg aus, positionierte das Warndreieck und wollte dann den Wagenheber und das Ersatzrad aktivieren. Doch der Wagenheber war eingerostet und unbrauchbar und das Ersatzrad war platt.
Ratlos schaute ich abwechselnd zu den nutzlosen Hilfsmitteln, dem geplatzten Reifen am Auto und meiner Freundin. Keine fünf Minuten später hielt auf der Gegenfahrbahn ein großer Abschleppwagen des ADAC, der Fahrer mit einer Werkzeugtasche bewaffnet, stieg aus, holte von der großen Ladefläche einen Reifen mit Felge und kam zu uns herüber. Ohne große Worte zu machen, bockte er den Wagen hoch, wechselte das Rad und verschwand, noch ehe wir uns richtig bedanken konnten und ohne irgend etwas in Rechnung zu stellen, wieder auf die andere Straße und fuhr davon. Es ist mir ja fast ein bisschen peinlich, aber meine erste bewusste »Engelbegegnung« war die mit einem »gelben Engel«. Seitdem habe ich gelernt, darauf zu achten und zu lernen: Es gibt Engel, die uns genau im richtigen Moment begegnen, aber es gibt auch viele Momente, in denen wir sie klagend vermissen. Jeder Mensch

kann für einen anderen zum Engel werden, wenn wir den Mut und die Sensibilität entwickeln, auch für andere da zu sein.
Ich lerne, dass unsere Welt in dem Maße froher und menschlicher würde, in dem wir unsere »Engelmöglichkeiten« entdecken und anderen zu Gute kommen lassen würden – es gäbe weniger Gleichgültigkeit und mehr Zivilcourage. Ich lerne, in den Engeln, die mir begegnen, die Schönheit der Fürsorge Gottes zu entdecken.

# Die Tiere

*Und es waren Hirten in derselben Gegend … die hüteten des Nachts ihre Herde.*
*Lukas 2,8b*

Reichlich seltsam auch: das Empfangskomitee. Wir waren die ersten, die mitbekommen haben, dass irgendetwas nicht stimmt. Wir haben, noch vor den Hirten, den Lichterglanz, die Engel und ihre Musik gehört und gesehen. Die Hirten, die haben vor sich hingedöst. Solange wir Schafe nicht unruhig werden, pennen die. Erst wenn wir Rabatz machen, dann werden auch die Hirten unruhig, denn dann stimmt etwas nicht. Musik und Licht allein kriegen einen müden Hirten noch lange nicht wach – unser Blöken, darauf ist er programmiert, erst als unser Blöken dazukam, sind sie aufgeschreckt – wir sind die ersten Empfänger der Weihnachtsbotschaft.

Das ist doch eine Eselei,
dass Gott in dieser Welt
gewissermaßen nebenbei
uns Esel auserwählt,
dass wir zu allen Zeiten
vom Anfang bis zum Schluss
den Gottessohn begleiten.
Das war wohl sein Beschluss.

Gemächlich kaut die Kuh
ihr Futter und verdaut.
Und mit derselben Ruh
hat sie grad zugeschaut,
wie schreiend eine Frau
gebar ein kleines Kind
in diesem alten Bau
wo sonst nur Tiere sind.

*Drum rücken wir zusammen,*
*wenn sich nichts mehr bewegt*
*und nützen wir die Flammen,*
*die jeder in sich trägt,*
*dann wächst in unserm Kreis*
*vielleicht das Gotteskind.*
*Wir spüren dann, wer weiß,*
*dass wir Geliebte sind.*

Die Schafe sind wohl die,
die da wirklich standen,
als Josef und Marie
zu diesem Stalle fanden.
Die Wärme gab ihr Fell
in dieser kalten Nacht,
die Schafe haben schnell
ein Bett für sie gemacht.

In der Bibel kommen sie immer wieder vor: die Tiere. Sei es bei der Schöpfung oder bei der Erzählung von der Arche Noah oder eben gleich zu Beginn des Neuen Testamentes bei der Geburt Jesu. Es scheint, Gott hat die Tiere auf seine Weise ganz besonders im Blick. Sie sind mitunter sensibler als wir Menschen, merken oder spüren früher, wenn irgendetwas nicht stimmt. Tiere verändern ihr Verhalten, wenn ein Sturm oder ein Gewitter aufzieht, noch lange, bevor wir irgendetwas davon mitbekommen, und sie sind unter Umständen auch sensibler für die unsichtbare Welt, für die Welt der Engel und der Gegenwart Gottes. Ein gutes Beispiel: Die Geschichte vom Propheten Bileam, dessen Eselin sich weigert weiterzugehen, weil sie, im Gegensatz zu dem Gottesmann, einen Racheengel mit gezücktem Schwert am Wegesrand stehen sieht. Der Engel hat den Auftrag, Bileam zu töten, wenn er weiterreitet. Der Prophet beschimpft und schlägt seine scheinbar »störrische Eselin« so lange, bis diese anfängt zu sprechen und ihn auf die Gefahr hinweist, in der er sich befindet.
Sicher haben auch bei der Weihnachtsgeschichte die »Tiere auf dem Feld« lange vor den Hirten gespürt und gerochen, dass da etwas »in der Luft lag«.
Ich will lernen, besser auf Tiere zu achten. Ich will lernen, dass das »dumme Schaf« manchmal klüger sein kann als so mancher Schlaumeier und dass der scheinbar »störrische Esel« ein überaus sensibler

Indikator für ein Problem sein kann, das ich noch gar nicht bemerkt habe. Noch stärker als zuvor möchte ich mein Leben als Teil eines Gesamtgeschehens verstehen, bei dem auch die Tiere wie die gesamte gute Schöpfung Gottes ihren wichtigen und notwendigen Beitrag leisten.

# Der Stern

*Als sie den Stern sahen, wurden sie hoch erfreut.*
*Matthäus 2,10*

Schaust Du ab und zu mal noch nach oben und erahnst die Weite und die Unendlichkeit, in die Du eingebettet bist? Oder hast Du dich schon damit abgefunden, dass es keine Träume, keine Wunder und keine Überraschungen mehr gibt? Hast Du es verlernt, dich vom Leben und vom Himmel überraschen zu lassen?
Ich bin dein Stern und ich möchte dich erhellen. Geh los, den Himmel im Blick und suche mich, dann wirst du wieder träumen, dann wirst du einen Weg voller Überraschungen betreten und dann wirst du auch das Kind finden und einen scheinbar unscheinbaren Stall als genau den Ort entdecken, in dem es heute geboren wird …

*Unter einem guten Stern*
*wird ein Mensch geboren.*
*Licht erzählt uns aus der Fern':*
*Noch ist nichts verloren.*
*Noch besteht die Möglichkeit,*
*täglich zu beginnen,*
*sich inmitten dieser Zeit*
*darauf zu besinnen,*

1. dass wir letztlich Kinder sind
und wir ohne Fleiß
anerkannt, Geliebte sind,
wir für keinen Preis
diese Liebe kaufen können,
die der Schöpfer hegt,
den wir zärtlich Vater nennen
und der uns bewegt.

2. dass es einen Schöpfer gibt,
der von Anfang an
uns begleitet und uns liebt
und der dann und wann
leise uns zur Seite nimmt
und auf Punkte weist,
wo etwas bei uns nicht stimmt,
um sich selber kreist.

3. dass ein Weg noch vor uns liegt,
den es gilt zu gehen,
dass es vieles in uns gibt
was wir nicht versteh'n,
wir die Schatten und die Gaben,
Licht und Dunkelheit,
alles, was wir in uns haben
kennen mit der Zeit.

»Der Weltraum – unendliche Weiten …« mit diesem Satz begann immer die Kultserie »Raumschiff Enterprise«. Von jeher hat mich das Weltall fasziniert. Der Anblick des Kosmos in einer sternenklaren Nacht ist von atemberaubender Schönheit und je länger man hinaufschaut, desto mehr Lichter und Sterne entdeckt man. Ich staune, dass ich Teil eines unfassbar großen Ganzen sein darf und beginne, mich selbst nicht mehr ganz so wichtig zu nehmen.
Welchen Einfluss haben die Sterne auf unser Leben? Vom Mond wissen wir, dass er die Gezeiten und auch die Stimmungen von Menschen beeinflusst. In unseren Zeitungen zählen die Horoskope zu den meist gelesenen Rubriken und auch ich ertappe mich dabei, wie ich hin und wieder ein (meist abgelaufenes) Horoskop lese (ich bin Löwe) und mit der von mir erlebten Wirklichkeit vergleiche. Meistens sind diese Voraussagen so allgemein formuliert, dass sie immer irgendwie stimmen. Ich mag die Sterne, auch wenn ich nicht glaube, dass sie schicksalhaft unser Leben bestimmen. Die Erzählung vom Stern von Bethlehem regt meine Phantasie an, darüber nachzudenken, ob auch ich einen Stern entdecken kann, der mich mitten hinein in die wundersame Wirklichkeit Gottes führt. Ich möchte neugierig und offen für »Himmels-überraschungen« sein. Ich lerne, das Wort Jesu »Ich bin das Licht der Welt …« auch vom Anfang her zu verstehen und möchte diesem Licht Raum geben in meinem Denken, Planen und Handeln.

# Die Weisen

*Siehe, da kamen Weise aus dem Morgenland nach Jerusalem und sprachen: Wo ist der neugeborene König der Juden? Wir haben seinen Stern gesehen und sind gekommen, ihn anzubeten.*
*Matthäus 2,1b-2*

## Den Himmel im Blick

Den Himmel im Blick
entdecke ich Dich,
dein Leuchten,
dein Hoffen,
das mich zart berührt.

Den Himmel im Blick
habe ich Zeiten,
die ich gelassen
mit Kindern
beim Spiel mir vertreibe.

Den Himmel im Blick
lass ich mich treiben
lass zu, dass nicht
alles nach
Zeitplan geschieht.

Den Himmel im Blick
folge ich Spuren,
die mir die Sehnsucht
ans Herz
legen will.

*Siehst Du die Sterne am Himmel steh'n?*
*Siehst Du die Wolken vorüberzieh'n?*
*In einer von 1000 und einer Nacht*
*hat uns ein Licht auf den Weg gebracht.*

1. Schau zu den Sternen,
hinaus in das All
und du wirst lernen
in jedem Fall,
dass wir wie kleine
Staubkörner sind,
doch nicht alleine,
nicht einsam sind.

2. Schau in den Himmel
und finde den Stern,
denn oben im Himmel
steht: Gott hat dich gern!
Wir hören und reden,
und ahnen von fern:
für jede und jeden
leuchtet ein Stern.

3. Schau in die Nächte
und plane den Tag.
Wir sind wie Knechte,
die niemand mehr fragt.
Spiel mit Gedanken
und viel Phantasie,
spreng deine Schranken,
entdecke dein Ziel.

4. Schau deine Augen
leuchten nicht mehr.
Ängste sie saugen
dich matt und leer.
Augen wie Sterne,
wir können oft sehn,
schon aus der Ferne,
wohin wir gehn'.

Die Erwähnung der Gelehrten, die aus der Ferne entdeckten, dass irgendetwas Großartiges passiert sein musste, hat seit jeher die Fantasie rund um das Weihnachtsgeschehen beflügelt. Aufgrund der von ihnen entdeckten Sternenkonstellation musste irgendein gottähnlicher Mensch (Könige wurden als Gott ähnlich erachtet) geboren sein. Diese Annahme, diese Vermutung galt es zu bestätigen, und dafür gab es nur eine Möglichkeit: Sie mussten dorthin und nachsehen, ob sie die Zeichen richtig verstanden hatten.
Sie sind so fest überzeugt von ihrer Erkenntnis, dass sie die weite Reise nicht scheuen und dass sie Geschenke für diesen Gott dabei haben. Auch hier wieder ein Hinweis darauf, dass sich mit der Geburt Jesu der Horizont der biblischen Sichtweise ändert und erweitert: Es ist nicht mehr nur das Volk Israel im Blick, sondern die gesamte Menschheit. Auch die »Weisen aus dem Morgenland«, die »Magoi« (wohl Magier einer persischen Priesterkaste) entdecken die gute Nachricht von der Ankunft Gottes in dieser Welt.
Ich lerne, dass Gott auf ganz vielfältige Weise zu uns Menschen spricht. Dass auch die Sterne »etwas sagen«, dass sie Gott loben, wird ja auch in den Psalmen angedeutet. Ich lerne, meinen Glauben und das, was ich erkannt habe, so ernst zu nehmen, dass ich bereit bin, mich auf den Weg zu machen, dem Ziel, das ich entdeckt habe, entgegen.

# Herodes

*Als Herodes nun sah, dass er von den Weisen betrogen war, wurde er sehr zornig … In Rama hat man ein Geschrei gehört, viel Weinen und Wehklagen;*
*Matthäus 2,16a und 18a*

Weihnachten, das Fest der Liebe? So ein Blödsinn. Es erinnert an die Tage, als meine Horden durch die Gassen zogen und jedes Kind aufspürten – jedes. Es geht um Machterhalt, da kann ich mir keinen Fehler leisten. Da ist Schluss mit lustig. Ich höre das Schreien und Weinen, ich spüre den Neid und den Streit.
Weihnachten ist die Stunde des Herodes, meine Stunde: Schaut und hört euch nur um – wie sie streiten und sich anbrüllen, wie sie fressen und sich besaufen und wie sie die Kinder vergessen – beim Fest des Kindes. Heiliger Abend, dass ich nicht lache – warum sollte denn ausgerechnet dieser Abend heilig sein, wenn uns ansonsten nichts mehr heilig ist.

*Eleison, Eleison, Kyrie Eleison*
*Eleison, Eleison, Kyrie Eleison*

1. Für alle die Macht besitzen,
und sich darauf konzentrieren,
angespannt bis in die Spitzen
nichts an Einfluss zu verlieren,
die auch über Leichen gehen,
immer nur das Ziel im Blick,
gegen andre zu bestehen,
mit der Angst stets im Genick.

2. Für alle die es heut nicht wissen,
wie es morgen weitergeht,
die das Einfachste vermissen:
Nahrung, Kleidung kommt und seht,
wie Millionen Menschen hausen,
die die Welt vergessen hat,
ja wir lassen »die« weit draußen,
haben diese Bilder satt.

3. Für die Kinder dieser Erde,
dass sie leben und versteh'n,
dass sie die Probleme erben,
die wir heute nicht angeh'n.
Dass sie besser als wir heute
weise weit nach vorne schau'n
und als engagierte Leute
für die Erde Zukunft bau'n.

4. Für die Völker ohne Rechte,
für die Mörder durch Befehl,
für die Kinder die als Knechte
harte Arbeiten verseh'n,
für die Schuldner, für die Banken
und für alle, die voll Gier
religiösen Wahngedanken
trauen, sich im Hass verlier'n.

Er ist der Alptraum der Weihnachtsgeschichte und doch gehört er unbedingt dazu, weil an seiner Person von Anfang an deutlich wird, dass diese Welt, in die Gott sich begibt, eine kranke, egoistische und machtbesessene Menschenwelt ist. Und dass es eine Welt ist, die nach Erlösung schreit, die Ausschau hält nach einem neuen Weg und nach dem Menschen, wie ihn Gott sich gedacht hat, nach dem neuen Adam.
Jahr für Jahr versuchen wir ein fröhliches und harmonisches Weihnachtsfest zu feiern, bei dem sich die Familie versammelt, wir gut und viel essen und trinken, bei dem wir zur Kirche gehen, Lieder singen und uns gegenseitig beschenken. Doch meistens ist der Wurm drin, meistens gibt es Streit, meistens bricht sich das Kranke und Egoistische in und zwischen uns Bahn. Wir schaffen es nicht, den »Geist des Herodes« zu verdrängen – er ist da, ob wir wollen oder nicht. Also, warum nicht gleich mit ihm rechnen und darauf gefasst sein, seiner Wirklichkeit auch an Weihnachten zu begegnen oder zumindest die brutale Wirklichkeit, die Fratze unserer entstellten Menschenwelt, nicht komplett ausblenden?
Von Anfang an liegt der Schatten des Todes über dem Leben Jesu. Viele moderne und erfolgreiche Kinofilme sind von diesem »Kampf zwischen Licht und Schatten«, der hier beginnt und immer stärker wird, inspiriert. Ob nun Bilbo Beutlin (in dem Epos »Der Herr der Ringe«) mit allerletzter Kraft seinen Ring ins Feuer wirft oder ob nun Luke Skywalker

im Kinoschlager »Star Wars« auf der Seite der guten Macht gegen die böse Macht streitet, es geht um ein neues Leben, bei dem nicht Hass, Egoismus und Gier regiert, sondern die Gemeinschaft, die Treue und die Liebe zueinander siegt.
Angesichts einer brutalen und elenden Welt bewahrt uns Herodes vor einem »Eia popeia Weihnachten«, rüttelt uns wach aus einem kitschigen Traum und lässt uns schmerzhaft in der Welt erwachen, in die Jesus gekommen ist, um sie und uns zu erlösen.
Ich lerne, dass auch das Böse und Schattenhafte in meinen Leben eine Funktion hat. Ich will lernen, den »Herodes in mir« zu entdecken, zu entlarven und mit ihm umzugehen.

# Der Traum

*Siehe, da erschien der Engel des Herrn dem Joseph im Traum und sprach: Steh auf, nimm das Kindlein und seine Mutter mit dir und flieh nach Ägypten und bleib dort, bis ich dir's sage.*
*Matthäus 2,13a*

## Der Traum

*Zukunft im Blick*
*lässt mich erahnen*
*weit ist der Weg*
*unklar das Ziel.*

*Zukunft im Herzen*
*lässt mich vertrauen,*
*leicht wird es nicht,*
*doch es wird gehen*

*Zukunft im Denken*
*lässt mich das planen,*
*was ich verstehe,*
*mir vorstellen kann.*

*Zukunft im Träumen*
*lässt mich nun glauben,*
*dass mich die Liebe*
*niemals verlässt.*

1. Aus weit entfernten Räumen,
mal bunt, mal grell, mal sacht,
sprichst du zu uns in Träumen,
begleitest unsre Nacht.
Die Bilder alter Tage,
Begegnungen, Gesichter
verschmelzen ohne Frage
zu seltsamen Geschichten.

2. Wir wandeln durch ein Nebelland
ohne Ziel und Sinn.
Jemand nimmt uns an die Hand
führt uns, wer weiß wohin.
Schweiß gebadet schrecken
wir auf und denken nur:
wir würden gern entdecken
im Nebel unsre Spur.

3. Es lohnt sich fest zu halten
die Bilder einer Nacht.
Geschichten und Gestalten,
die uns Angst gemacht,
sind Boten, überbringen
mitunter den Hinweis,
warum in manchen Dingen
das Leben uns entgleist.

4. Aus weit entfernten Räumen
kommst Du in unsre Nacht
und segnest unser Träumen,
hältst über uns die Wacht.
Hilf, dass, was zu uns dringt,
aus deiner Wirklichkeit,
uns stärkt und weiterbringt
und Stück für Stück befreit.

»Es sind die Träumer, die die Welt verändern, die Realisten haben ihren Zustand immer nur fortgeschrieben« hat jemand einmal gesagt. Ausgerechnet der nüchterne und vernünftige Joseph achtet auf seine Träume. Er ist ein echter Realist und gleichzeitig einer, der seine Träume an nächsten Morgen noch weiß und ernst nimmt – ein Träumer.

Jeder Mensch träumt nachts. Der normale Tiefschlaf ist von vier bis fünf Perioden unterbrochen, in denen wir nicht so tief schlafen und in diesen Zeiten träumen wir. Wissenschaftler haben herausgefunden, dass der Mensch, wenn er am träumen gehindert wird, erkrankt. Traumzeiten sind Heilphasen, in denen wir Tageserlebnisse, Kindheitserfahrungen, Körperreize, Wünsche und Konflikte verarbeiten.

Wenn wir als Familie in andere Länder fahren, beginne ich intensiver zu träumen, oft so, dass ich mich am nächsten Morgen erinnere. Und wenn wir dann am Morgen alle um den Tisch sitzen, dann kommt die Frage: Na, wer hat heute Nacht etwas geträumt, an das er sich erinnert, und auch unsere Kinder erzählen dann. Obwohl ich manchmal den Eindruck habe, dass speziell unsere kleine Tochter ihre Träume dann gerne mal ganz oder teilweise erfindet, staune ich doch immer wieder, wie viel diese Nachtbilder über uns aussagen – das finde ich spannend.

»Ich habe einen Traum …«. Mit diesem Satz ist der schwarze Menschenrechtler Dr. Martin Luther King berühmt geworden. Wir brauchen Menschen, die es wagen, mit offenen Augen zu träumen, die an ihrer

Sehnsucht nach einer besseren und gerechteren Welt festhalten und für sie kämpfen – koste es, was es wolle. Jesus musste seine Botschaft von der Liebe Gottes, seinen Traum vom anbrechenden Reich Gottes mit dem Tod bezahlen und nach ihm noch viele andere. Was sind mir meine Träume wert? Habe ich einen Traum, eine Vision, für die ich kämpfe und für die ich mich »bis zum bitteren Ende« einsetzen würde?
»Es sind die Träumer, die die Welt verändern, die Realisten haben ihren Zustand immer nur fortgeschrieben« hat jemand mal gesagt. Ich möchte lernen, meinen Traum zu formulieren und mich dafür einzusetzen. Von den Engeln, dem Stern und dem Traum lerne ich, dass es eine unsichtbare Welt gibt, die uns umhüllt und begleitet. Für die Signale dieser Welt möchte ich sensibel sein.

# Nachklang

## So geh nun deinen Weg

*Maria und Joseph,*
*der Stall und das Kind*
*sie werden dir folgen*
*hinaus in die Nacht.*

*Die Hirten,*
*ein Engel,*
*die Tiere,*
*dein Stern*
*begleiten,*
*erleuchten*
*dich und*
*deinen Weg.*

*Die Weisheit*
*der Weisen,*
*die Machtgier*
*Herodes'*
*gehören*
*zu uns*
*sind in dir*
*und mir.*

*Der Traum*
*dem wir folgen*
*Jahrtausende*
*schon,*
*hat sachte*
*begonnen,*
*wir träumen davon …*

## Am Rande und ganz unscheinbar

Am Rande und ganz unscheinbar
beginnen Gottes Wunder,
wo vorher scheinbar gar nichts war,
geschieht es dann mitunter,
dass Menschen auf die Knie gehen,
den Kindern in die Augen sehn,
das Leben neu erahnen.

Es ist doch wirklich sonderbar,
es gibt so viele Christen,
doch wir agieren offenbar
hier nur so wie Statisten
in einem Film, den keiner kennt,
wahrscheinlich ohne Happy End,
weil wir uns treiben lassen.

Wir steh'n an deiner Krippe hier,
vergessen dich im Leben.
Wir kommen Jahr für Jahr zu dir,
am heil'gen Abend eben.
Du bist und bleibst das Kindelein,
wir feiern, halten dich so klein,
wie wir das Christkind lieben.

Und trotzdem muss es oft geschehn,
dass ich dich such' und finde,
denn Kinder können vieles seh'n,
wir Großen sind oft Blinde,
seh'n Gottes Schönheit jetzt und hier
nur selten, denn das haben wir
verlernt und dich verloren.

Ich sehe dich mit Freuden an
Und kann mich nicht satt sehen
Und weil ich nun nichts weiter kann,
bleib ich anbetend stehen.
O dass mein Sinn ein Abgrund wär
Und meine Seel' ein weites Meer,
dass ich dich möchte fassen.

(Zu singen nach der Melodie von
»Ich steh an deiner Krippe hier«)